SCHNELL & TRADITIONELL

Meine liebsten Familienrezepte

Impressum
Math. Lempertz GmbH
Hauptstr. 354
53639 Königswinter
Tel.: 02223-900036
Fax: 02223-900038
info@edition-lempertz.de
www.edition-lempertz.de
© 2023 Math. Lempertz GmbH

Rezepte: Francine Jordi, www.francinejordi.ch
Rezeptfotos: ©Jo Kirchherr, www.jokirchherr.com
Umschlag:
Titelbild: ©Thomas Buchwalder, www.thomasbuchwalder.ch
Weitere Fotos:
©Jo Kirchherr, www.jokirchherr.com: S. 14–15, 16, 21, 23, 78, 86, 87
(unten, links und rechts), 106, 110–113, 118–119, 138–139
©Thomas Buchwalder, www.thomasbuchwalder.ch: S. 5 (oben rechts),
7, 8, 24, 32–33, 40, 52–53, 66–67, 88, 94–95, 104–105, 124–125,
130–131, 144
©Francine Jordi: S. 13, 63, 101
©gettyimages: Peter Bischoff (S. 87 oben)

Lektorat: Annemarie Ulrich, Hendrik Wolff
Layout/Satz: Christine Mertens
Druck und Bindung: P&B Print, Lettland
ISBN 978-3-96058-465-0

FRANCINE JORDI

SCHNELL & TRADITIONELL

Meine liebsten Familienrezepte

LEMPERTZ

Inhalt

Vorwort

Familie geht durch den Magen (Michael P.) – als ich das gelesen habe, dachte ich sofort, ja genau, stimmt! Jedes Mal, wenn ich Majoran rieche, denke ich sofort an die Kartoffelsuppe von meinem Richigen Grosi. Ich sehe mich, wie ich als kleines Kind mit meinen dunkelblauen Latzhosen bei ihr in der Küche auf der Eckbank saß und ihr, so gut es mir möglich war, half. Wie könnte ich Großmutter Rüebli kochen ohne an mein Enggistein Grosi zu denken? Oder wie könnte ich einen Früchtekuchen backen, ohne mich zu fragen, warum der von meiner Mutter immer noch am besten schmeckt?

Das alte, handgeschriebene Kochbuch meiner Großmutter hat mich auf die Idee gebracht, meine Lieblingsrezepte aus meiner Kindheit in einem 3-Generationen-Kochbuch zusammen zu fassen. Sogar unser gut gehütetes Familiengeheimnis vom Süßen Zopf hat mit dem Einverständnis der Familie seinen Platz gefunden.

Ein großes Dankeschön geht an meine Mutter! Sie hat mich liebevoll unterstützt, die Familienrezepte zusammen zu tragen. Es war mein Herzenswunsch, mit ihr zusammen dieses Buch zu verfassen!

Ein Dankeschön geht auch an meine Schwester Tanja und meine Neffen. Ihr Hof diente als Kulisse für die tollen Bilder hier im Buch (www.muehli-beef.ch).

Für mich als Mensch, der sein Leben sehr praktisch gestaltet und immer den direkten Weg zum Ziel sucht, war ein bestimmtes Kriterium besonders wichtig: es müssen Rezepte sein, die einfach und schnell zu kochen sind und beim Essen ganz viel Genuss bringen. Wenn ich Gäste einlade, möchte ich möglichst viel Zeit mit ihnen verbringen und bei einem leckerschmeckenden Essen gemeinsame Momente erleben, anstatt lange in der Küche zu stehen. Auch im Alltag ist es für mich sehr wichtig, neben all den Verpflichtungen in kurzer Zeit ein feines Essen zuzubereiten. Geht dir das auch so wie mir?

Mein Kochbuch ist einfach anzuwenden und stellt den besten Küchenhelfer für alle Mütter, Väter, alle Berufstätigen oder einfach für alle Menschen dar, die leckere Gerichte einfach und schnell auf den Tisch zaubern wollen.

Ich wünsche dir und deinen Liebsten ä Guete!

Suppen

GEBRANNTE GRIESSSUPPE

À LA TANTE FRIEDL

Tante Friedl, die Frau vom Bruder meiner Großmutter Pia, lebte in Winterlingen, Deutschland. Als Kinder haben wir dort oft die Ferien verbracht. Ich habe ihre Küche, speziell mit dem Maggikraut, geliebt!

20 Minuten
Zutaten für 4 Portionen

60 g Grieß
1 Liter Bouillon
etwas Kräuter nach Belieben,
z. B. Maggikraut (Liebstöckel)
Peterlig oder Schnittlauch, gehackt, zum Bestreuen

1. Gib den Grieß in eine Pfanne ohne Fett und röste ihn auf mittlerer Stufe braun an. Achtung, rühre dabei ständig um!

2. Lösche den angebräunten Grieß mit Bouillon ab und gib nach Belieben Kräuter dazu. Ich liebe die Suppe gewürzt mit Maggikraut. Also gebe ich jetzt ein paar Stiele zur Suppe dazu und lass sie 15 Minuten köcheln.

3. Vor dem Servieren entferne ich das Maggikraut wieder. Verteile die Suppe auf tiefe Teller oder Schüsseln und garniere sie mit ein bisschen gehacktem Peterlig oder Schnittlauch.

RICHIGEN GROSIS KARTOFFELSUPPE

Mit einem Würstchen und Brot dazu gab es dieses Gericht immer, wenn wir in unserem Ferienhaus Sunnsytli im Emmental am Holzen waren.

30 Minuten
4 Portionen
Utensilien: Stabmixer

1 Zwiebel, gehackt
Öl zum Braten
6 große Kartoffeln, geschält, klein geschnitten
3 Rüebli, geschält, klein geschnitten
1 kleiner Sellerie, geschält, klein geschnitten
1 Lauch, geputzt, klein geschnitten
3–4 EL Mehl
1 Liter Bouillon
½ Liter Milch
Majoran, frisch oder getrocknet
150 g Reibkäse
Salz & Pfeffer, nach Belieben

1. Dünste die gehackte Zwiebel im Topf mit Öl glasig an. Danach gebe ich Kartoffeln, Rüebli, Sellerie und Lauch, alles klein geschnitten, dazu und dämpfe es mit an.

2. Streue das Mehl darüber und schwitze es kurz mit an. Lösche mit Bouillon ab und koche die Suppe ca. 20 Minuten, bis das Gemüse weich ist.

3. Püriere die fertige Suppe mit dem Stabmixer.

4. Rühre Milch und Majoran unter und lass die Suppe nochmal kurz aufkochen.

5. Jetzt gebe ich noch den geriebenen Käse dazu und schmecke die Suppe mit Salz und Pfeffer ab.

Tipp:
Wer es mag, kann dazu ein kaltes Glas Milch trinken.

BEDLI-MEHLSUPPE

*Wir essen die Suppe oft nach der Silvesterfeier
in den frühen Morgenstunden.*

35 Minuten
Zutaten für 4 Portionen

6 EL Mehl
1 Liter Bouillon
etwas Salz & Pfeffer
etwas Gruyère oder anderer Käse

1. Gib das Mehl in die Pfanne und röste es unter ständigem Rühren, auf kleiner Hitze, braun an. Lösche das Mehl unter Rühren mit der Bouillon ab.

2. Würze die Suppe mit Salz und Pfeffer und lass die Suppe aufkochen.

3. Lass die Suppe bei mittlerer Hitze unter gelegentlichem Rühren 30 Minuten köcheln.

4. Ich verteile die Suppe auf Suppenteller und reibe noch etwas Käse, z. B. Gruyère, darüber.

Ä Guete!

EIERSUPPE

*Diese Suppe gab es bei uns immer, wenn es schnell gehen musste.
Ich mag die trübe Variante am liebsten!*

15 Minuten
Zutaten für 4 Portionen

1 Liter Bouillon
2 Eier
Peterlig oder Schnittlauch, gehackt, zum Bestreuen

1. Gib die Bouillon in einen Topf und lass sie aufkochen.

2. Schlage die Eier auf und verquirle sie.

3. Dann lass ich die verquirlten Eier in die heiße Bouillon gleiten und verrühre sie sofort mit einem Schwingbesen.

4. Richte die Suppe mit Peterlig oder Schnittlauch garniert an.

Tipp:

Für eine klare Suppe lässt du die verquirlten Eier in die Bouillon gleiten und wartest, bis die Bouillon wieder kocht. Erst dann verrührst du das Ei in der Suppe mit dem Schwingbesen.

BRÖSMELISUPPE

Diese Suppe eignet sich perfekt um altes Brot aufzubrauchen.

10 Minuten + 15 Minuten Backzeit
Zutaten für 4 Portionen

200 g altes Brot
1 Liter Bouillon
Salz & Pfeffer, nach Belieben
Peterlig oder Schnittlauch, gehackt, zum Bestreuen

1. Schneide das Brot in kleine Würfel und röste es für ca. 15 Minuten im Backofen bei 150°C Ober-/Unterhitze goldbraun.

2. Dann gebe ich die Bouillon in einen Topf, lass sie aufkochen und würze sie mit Salz und Pfeffer.

3. Wenn die Suppe heiß und das Brot geröstet ist, gebe ich die Brotwürfel ganz zum Schluss in die Bouillon.

4. Ich serviere die Suppe mit Peterlig oder Schnittlauch bestreut.

Tipp:

Du kannst auch gleich mehr Brot rösten als benötigt. Bewahre das restliche geröstete Brot einfach für's nächste Mal in einem Vorratsglas auf.

21

SCHLIIMSÜPPLI

Die perfekte Stärkung bei Magenverstimmung oder Grippe,
um wieder zu Kräften zu kommen!

30 Minuten
Zutaten für 1 Portion

30 g Haferflocken
5 dl Wasser
1 TL Bouillon

1. Gib die Haferflocken mit dem Wasser in einen Topf und köchle die Haferflocken auf niedriger Hitze 25 Minuten.

2. Ich schmecke die Suppe mit der Bouillon ab und passiere sie noch durch ein Sieb.

3. Dann kann sie gelöffelt werden und man fühlt sich schon viel besser!

Zum Apéro

SCHINKENGIPFELI
À LA JEANNETTE

Die Schinkengipfeli macht Jeannette, die Frau von meinem Cousin, immer am 1. August (Nationalfeiertag in der Schweiz). Da sitzen wir beim Dorffeuer und jeder bringt etwas mit.

10 Minuten + 25 Minuten Backzeit
Zutaten für 8 Stück

150 g Schinkenwürfeli (gekocht)
etwas Peterlig, gewaschen, gehackt
½ EL Rahmquark
wenig Salz & Pfeffer
250 g Blätterteig, selbst gemacht oder
rund ausgewallt gekauft
1 Ei

1. Gib die Schinkenwürfeli mit Peterlig, Quark und ein wenig Salz und Pfeffer in eine Schüssel und verrühre die Mischung gut.

2. Rolle den Blätterteig rund aus und teile ihn in 8 Tortenstücke. Trenne das Ei und bestreiche die Teigränder mit dem Eiweiß. Verteile die Schinkenfüllung in der Mitte der Teigstücke und rolle sie wie ein Croissant auf.

3. Lege ein Backblech mit Backpapier aus und verteile die Gipfeli mit dem Schluss nach unten auf dem Blech.

4. Verquirle das Eigelb und bestreiche damit die Gipfeli. Backe sie im Ofen ca. 25 Minuten/220°C Ober-/Unterhitze.

SPECKZÜPFE

Ein schmackhaftes Apéro-Gebäck zu Ostern oder sonst zum Apéro.

15 Minuten + 2 Stunden 35 Minuten

Back- und Ruhezeit

Zutaten für 1 Zopf

150 g Speckwürfeli

500 g Zopfmehl

½ EL Salz

20 g Frischhefe

60 g weiche Butter

3 dl lauwarme Milch

1 Eigelb

1. Als Erstes dünste ich die Speckwürfeli in einer Pfanne glasig an und lass sie abkühlen.

2. Gib Mehl und Salz in eine Schüssel und vermische beides. Zerbröckele die Hefe und mische sie unter das Mehl. Gib dann die Butter und die Milch dazu und vermische die Zutaten zu einem geschmeidigen Hefeteig. Lass den Teig zugedeckt, an einem warmen Ort, 1 ½ Stunden ruhen.

3. Dann halbierst du den Teig auf einer bemehlten Arbeitsfläche und formst die Hälften zu ca. 70 cm langen Strängen. Rolle die Stränge mit einem Teigroller aus und verteile die Speckwürfeli auf den Teighälften. Rolle nochmals vorsichtig drüber und drücke die Speckwürfeli dabei leicht in den Teig. Nun klappst du die Stränge jeweils längs ein, drückst sie leicht zusammen und flechtest daraus einen Hefezopf (siehe Punkt 5 Beschreibung Süßer Zopf, Seite 134).

4. Den Zopf legst du auf ein mit Backpapier belegtes Blech. Verquirle das Eigelb und bestreiche den Zopf mit der Hälfte davon. Lass den Zopf weitere 20 Minuten im Kühlschrank ruhen und heize den Backofen auf 200°C Ober-/Unterhitze vor.

5. Bestreiche den Zopf mit dem restlichen Ei und backe ihn im vorgeheizten Ofen im unteren Drittel 35 Minuten. Nimm ihn anschließend heraus und lass ihn vollständig auskühlen.

THONMOUSSE IN MINI-PASTETLI

Das erste Rezept, das Papa in seinem Kochkurs gemacht hat und dann für uns zubereitet hat, obschon er selber keinen Fisch isst. 🙂

10 Minuten
Zutaten für 8 Mini-Pastetli

Für die Thonmousse:

1 Dose (ca. 155 g) Thon (Thunfisch), natur

2–3 EL Mayonnaise

1 EL Kapern, fein gehackt

3 große Essiggurken, fein gewürfelt

½ Zwiebel, gehackt

1 Bund Peterlig, fein gehackt

Salz & Pfeffer, nach Belieben

Paprikapulver, nach Belieben

Außerdem:

8 Mini-Pastetli

1. Gib den Thon in eine Schüssel und zerzupfe ihn etwas mit einer Gabel. Füge die Mayonnaise hinzu und vermische beides gut mit der Gabel.

2. Nun mische ich noch die gehackten Kapern, die Essiggurken, die Zwiebeln und den Peterlig unter die Masse und schmecke sie mit Salz, Pfeffer und Paprikapulver ab.

3. Befülle die Mini-Pastetli mit der Mousse und serviere sie.

Ä Guete!

Tipp:
Du kannst die Mousse auch auf Toastbrot streichen und die Scheiben vierteln.

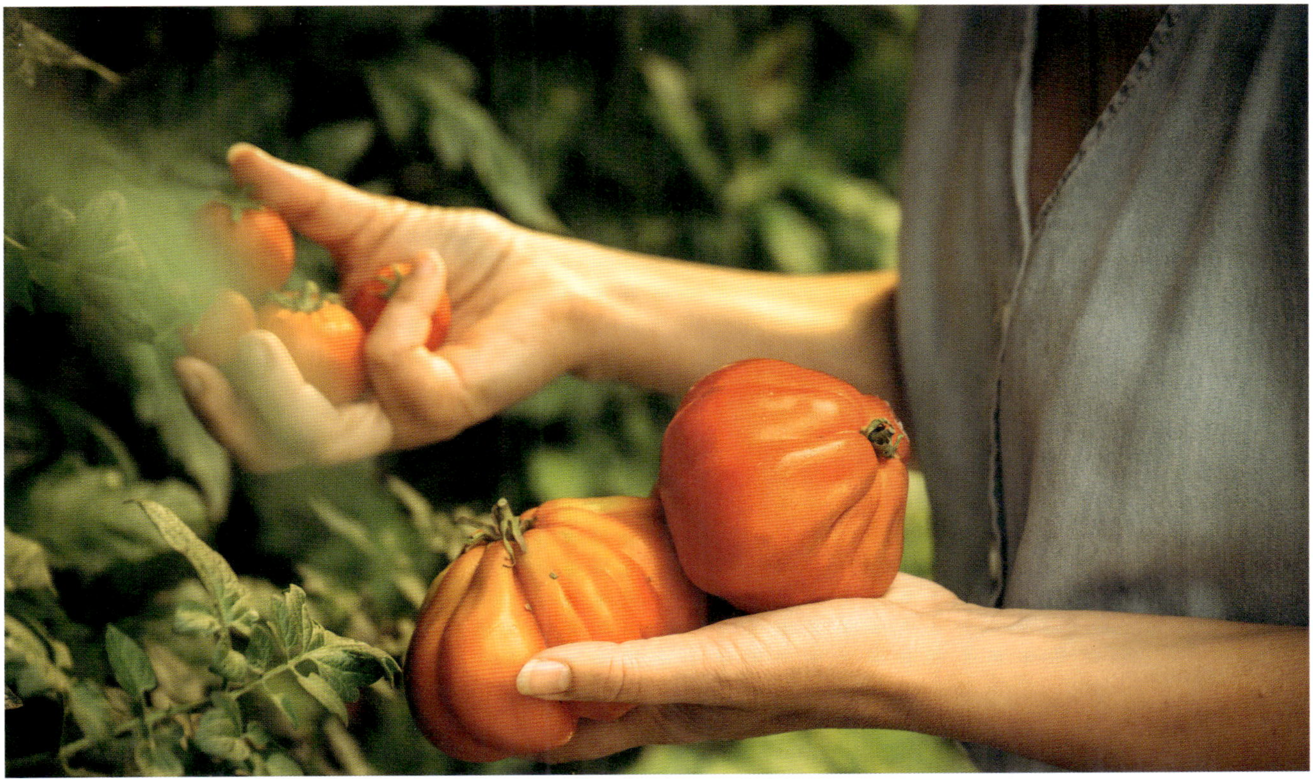

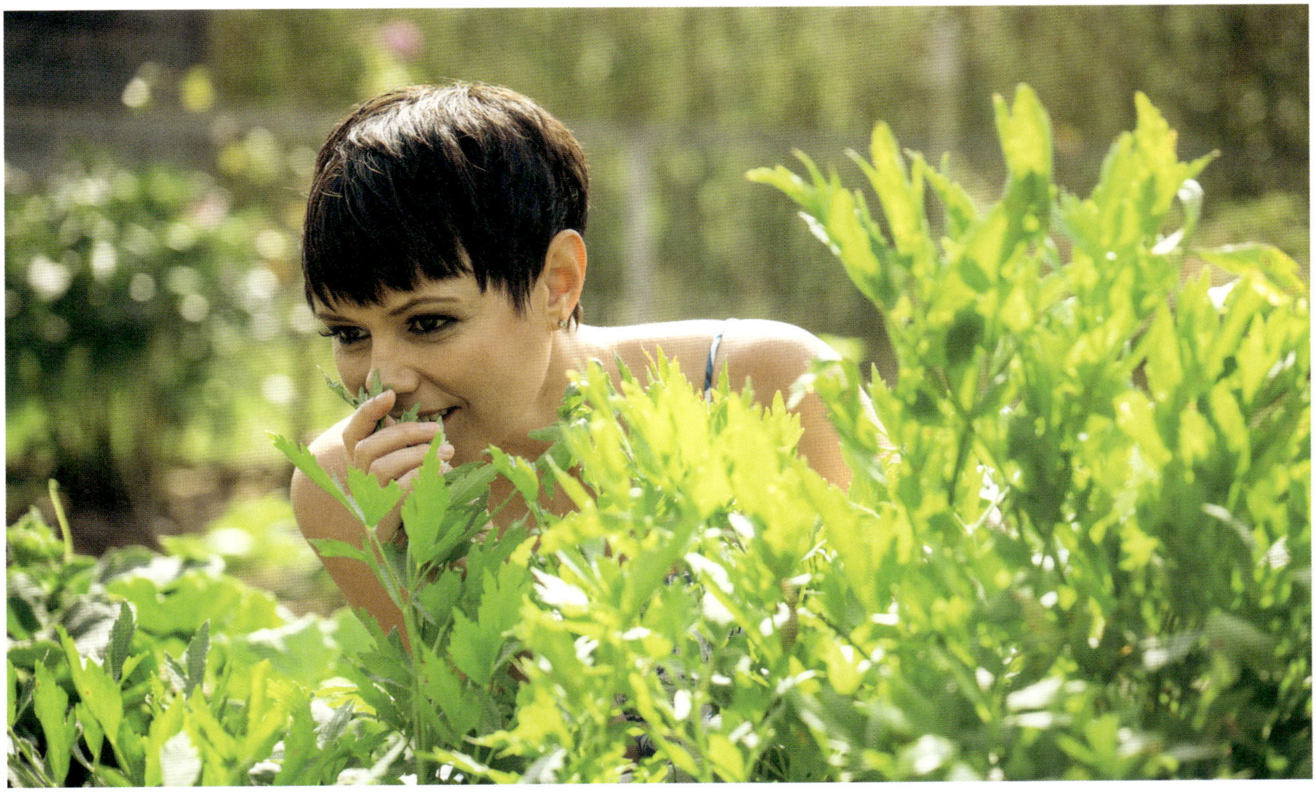

DÖRRTOMATEN-CROSTINI

À LA PÄPU

Dieses Apéro zaubert mein Papa immer zu Weihnachten.

10 Minuten + 10 Minuten Backzeit
Zutaten für 25 Stück

Für den Aufstrich:
100 g Dörrtomaten (getrocknete Tomaten) in Öl,
grob gehackt
100 g Dörrtomaten ohne Öl, grob gehackt
1 EL Kapern, gehackt
1 Knoblauchzehe, gehackt
100 – 150 g Mascarpone
1 Handvoll Basilikum, in Streifen
Salz & Pfeffer, nach Belieben

Außerdem:
25 dünne Scheiben Baguette
Kapernäpfel und Basilikum für die Deko

1. Vermische für den Aufstrich alle vorbereiteten Zutaten gut miteinander, bis du eine streichfähige Masse erhältst. Schmecke diese mit Salz und Pfeffer ab.

2. Verteile die Baguettescheiben auf 1–2 mit Backpapier belegten Backblechen und röste sie im Ofen bei 180°C Umluft ca. 10 Minuten an. Lass sie anschließend auskühlen.

3. Die ausgekühlten Baguettescheiben bestreiche ich dann großzügig mit dem Dörrtomatenaufstrich und richte die Scheiben auf einer schönen Platte an. Ich dekoriere die Dörrtomaten-Crostini mit Kapernäpfeln und Basilikum.

Ä Guete!

CHICORÉESALAT MIT ORANGE

Chicoréesalat mit Orange gab's bei uns oft im Winter, wenn wir keinen eigenen Salat im Garten hatten.

10 Minuten
4 Portionen

Für die Sauce:
75 g Naturjoghurt
2 EL Mayonnaise
1 TL Zitronensaft
1 Prise Salz
1 Prise Pfeffer

Außerdem:
400 g Chicorée, geputzt, in Rondellen
2 Orangen, geschält, in kleinen Stücken

1. Verrühre alle Zutaten für die Sauce in einer Salatschüssel miteinander.

2. Gib die Chicoréerondellen und die Orangenstücke in die Schüssel und vermische sie gut mit der Sauce.

3. Ich verteile den Salat dann auf 4 Schälchen und serviere ihn z. B. als Vorspeise für meine Gäste.

Ä Guete!

Tipp:

Für ganz Schnelle: Einfach fertiges Frenchdressing mit 2 EL Mayonnaise verrühren.

KÄSESCHNITTEN

*Gebackenes Brot mit zerlaufenem Käse –
ein Schweizer Klassiker, den meine Oma immer für uns
gemacht hat. Perfekt für den Fernsehabend!*

5 Minuten + 20 Minuten Backzeit
Zutaten für 4 Portionen

8 Scheiben Brot nach Belieben,
z. B. das Bauernbrot von S. 142 oder Toastbrot
8 Scheiben Schweizer Käse oder Raclettekäse
Paprika und Pfeffer, frisch gemahlen, nach Belieben

1. Als Erstes belege ich die Brotscheiben jeweils mit einer Käsescheibe, so dass das Brot gut bedeckt ist.

2. Verteile die Käseschnitten auf einem mit Backpapier belegten Blech und überbacke sie im Ofen ca. 20 Minuten bei 200°C Ober-/Unterhitze. Der Käse sollte schön geschmolzen sein, aber nicht verbrannt.

3. Serviere die fertigen Käseschnitten sofort und würze sie nach Belieben noch mit etwas Paprika und Pfeffer.

Tipp:

*Als Alternative kann
unter oder über den Käse
noch eine Scheibe
Ananas, Schinken oder
Tomate gelegt werden.*

Haupt-
gerichte

KÄSEPLATTE

MIT GSCHWELLTI UND QUARKSAUCE

Wenn du Gäste erwartest und ohne viel Aufwand ein schmackhaftes Gericht servieren willst, kann ich diese Käseplatte nur empfehlen. Sie ist leicht gemacht und jeder Gast geht glücklich nach Hause.

35–55 Minuten
Zutaten für 4 Portionen

Für die Gschwellti:
800 g Kartoffeln, festkochend, gründlich gewaschen

Für die Quarksauce:
Kräuter nach Wahl, fein gehackt
(z. B. Peterlig, Schnittlauch, Maggikraut etc.)
250 g Magerquark
Salz & Pfeffer, nach Belieben

Für die Käseplatte:
100–150 g Käse pro Portion: Käsemischung
aus Hart-, Halbhart-, Weich- und Frischkäse

Optionale Garnituren:
Birnen, Trauben, Feigen, Nüsse,
Essiggurken, Tomaten, Radiesli etc.

Tipp 1:
Vorneweg kann man auch einen grünen Salat oder Nüsslersalat servieren.

1. Für die Gschwellti verwendest du am besten einen Topf mit Siebeinsatz. Fülle den Topf bis zum Siebeinsatz mit Wasser. Verteile die gründlich gewaschenen Kartoffeln im Siebeinsatz und erhitze das Wasser. Lass die Kartoffeln bei niedriger Hitze und geschlossenem Deckel 30–50 Minuten, je nach Dicke, dämpfen. Mache zwischendurch eine Garprobe.

2. Für die Quarksauce verrührst du alle Zutaten in einer Schüssel miteinander und schmeckst die Sauce zum Schluss mit Salz und Pfeffer ab.

3. Kurz bevor die Gäste kommen, richte ich den Käse, jeden Käse im Ganzen, schön dekorativ auf einer Holzplatte an und garniere ihn mit Garnituren nach Wahl. Dazu reiche ich die fertig gegarten Gschwellti und die Quarksauce.

Tipp 2:
Quarksauce kannst du auch mit kleinen Würfeln aus Essiggurken machen. Passt auch hervorragend zu Fisch.

BERNERPLATTE MIT DÖRRBOHNEN

Dieses Gericht ist ein wahres Festessen. In unserer Familie wird es besonders im Winter zu Familienfeiern oder auch immer am „Lehmann-Tag" gegessen. Da trifft sich die ganze Verwandtschaft (Stammbaum) von der Seite von meinem Vater. Mein Großvater war Metzger, darum gab es das Gericht auch immer in seinem Restaurant „Bad Enggistein" immer sonntags.

**ca. 3 Stunden (davon aktive Kochzeit: 30 Minuten) + 12 Stunden Einweichzeit
Zutaten für 4 Portionen**

80 g Dörrbohnen
1 ½ Liter Bouillon
1 Zwiebel besteckt mit 1 Lorbeerblatt und 1 Nelke
1 Stiel Maggikraut (Liebstöckel)
400 g Suppenfleisch
Markknochen, nach Belieben
Olivenöl zum Braten
1 kleine Zwiebel, gehackt
1 Zweig Bohnenkraut
500 g rohes Sauerkraut
200 g Speck
1 Zungenwurst
1 kleines Rollschinkli oder 500 g Rippli oder Hamme
300 g Kartoffeln, festkochend, geschält, halbiert
Salz & Pfeffer, nach Belieben

1. Lege die Dörrbohnen am Vorabend in kaltem Wasser ein.

2. Am nächsten Tag gibst du 1 Liter Bouillon, die besteckte Zwiebel und das Maggikraut in einen Topf und lässt es aufkochen. Sobald das Wasser kocht, gibst du das Suppenfleisch dazu und lässt es zugedeckt knapp unter dem Siedepunkt ca. 2 Stunden ziehen. Schöpfe gelegentlich den Schaum ab. Wenn du magst, kannst du für die letzten 30 Minuten Kochzeit noch Markknochen dazugeben.

3. Schütte die eingeweichten Bohnen ab. Erhitze Olivenöl in einer Pfanne und dünste die Zwiebel glasig. Gib die Bohnen dazu und dünste sie kurz mit an. Lösche mit 5 dl Bouillon ab und gib das Bohnenkraut dazu. Lass die Bouillon aufkochen und die Bohnen dann bei mittlerer Hitze zugedeckt 1 Stunde köcheln.

4. Gib die Zungenwurst und das Rollschinkli oder Rippli oder Hamme in eine weite Pfanne und bedecke das Fleisch mit Wasser. Lass das Wasser aufkochen und das Fleisch dann zugedeckt bei milder Hitze ca. 1 Stunde köcheln.

5. Nun gebe ich das rohe Sauerkraut in eine Pfanne und bedecke es mit 2,5 dl Wasser. Ich lege den Speck auf das Sauerkraut und koche alles auf mittlerer Stufe ca. 1 Stunde. Die halbierten Kartoffeln lege ich die letzten 30 Minuten auch auf das Sauerkraut und koche sie mit. Zum Schluss schmecke ich Sauerkraut und Kartoffeln ab und würze sie gegebenenfalls nach.

6. Verteile die Bohnen, das Sauerkraut und die Kartoffeln auf einer vorgewärmten Platte. Tranchiere Fleisch und Wurst und richte es darauf an.

HÄRDÖPFUSCHNÄTZ

Meistens ein Samstags-Menü: schnell und lecker.

40 Minuten

Zutaten für 4 Portionen

Öl zum Andämpfen

1 kleine Zwiebel, gehackt

1 kg festkochende Kartoffeln, geschält,
in mittelgroßen Würfeln

2 EL Mehl

6 dl Bouillon

4 Schweins-Würstli, in Scheiben

Peterlig oder Schnittlauch, gehackt, zum Garnieren

1. Erhitze Öl in einer Pfanne und dünste die Zwiebel glasig an. Gib die Kartoffelwürfel dazu und lass die Kartoffeln kurz mit andünsten. Dabei ständig rühren, damit es nicht „anhockt".

2. Bestäube die Kartoffeln mit Mehl und dünste sie kurz unter ständigem Rühren weiter an. Lösche dann mit Bouillon ab und lass die Kartoffeln zugedeckt ca. 30 Minuten köcheln.

3. In den letzten 15 Minuten Kochzeit gebe ich noch die Schweins-Würstli-Scheiben zu den Kartoffeln.

4. Verteile den Härdöpfuschnätz auf Teller und garniere es mit Peterlig oder Schnittlauch.

5. Zum Essen die Kartoffeln entweder verdrücken (Papi und ich) oder ganz essen, wie Mami es gern mag.

Tipp:

Für die Veggie-Variante die Würstli einfach weglassen und einen grünen Salat dazu servieren.

WÜRSTLI IM TEIG
MIT KARTOFFELSALAT

Kartoffelsalat mit Rollschinkli gibt es bei uns immer zu Weihnachten. Aber auch sonst zum Grillplausch oder Salatbuffet gibt es immer Kartoffelsalat, gerne auch mit Würstli im Teig.

45 Minuten + 30 Minuten Ziehzeit + 25 Minuten Backzeit
Zutaten für 4 Portionen

Für den Kartoffelsalat:
1 kg festkochende Kartoffeln
1 TL Salz

Für die French-Salatsauce:
etwas Salz
etwas Streuwürze
Pfeffer, nach Belieben
1 TL Senf
3 EL Weißweinessig
2 EL Öl
½ Zwiebel, gehackt
Essiggurken, Menge nach eigenem Geschmack, in kleinen Würfeln
etwas Gurkenwasser
3 EL Mayonnaise

Für die Würstli im Blätterteig:
400 g Blätterteig, fertig gekauft
4 Wienerli
1 Ei

1. Wasche die Kartoffeln gründlich und koche sie in Salzwasser. Je nach Größe 20–25 Minuten. Mache am Ende der Kochzeit eine Garprobe. Schütte das Wasser von den Kartoffeln ab und lass die Kartoffeln etwas ausdampfen. Schäle die Kartoffeln noch warm, halbiere sie und schneide sie in Scheiben.

2. Für die French-Salatsauce gibst du alle Zutaten in eine große Schüssel und verrührst sie gut.

3. Gib die noch warmen Kartoffelscheiben jetzt nach und nach zur Sauce und rühre dabei immer wieder um.

4. Lass den Kartoffelsalat mind. eine ½ Stunde ziehen. Falls er zu trocken ist, gebe ich noch etwas Gurken-wasser oder warme Bouillon zum Salat. Schmecke den Salat noch mit Streuwürze, Salz und Pfeffer ab.

5. Für die Würstli im Blätterteig rollst du den Blätter-teig auf einer bemehlten Arbeitsfläche 2 mm dick aus. Schneide den Teig nun in Rechtecke, so groß, dass du die Würstli einpacken kannst.

6. Bestreiche die Enden mit etwas Wasser und drücke sie gut an. Verteile die Würstli auf einem mit Backpapier ausgelegtem Backblech. Verquirle das Ei und bestreiche die Würstli damit. Dann kommen sie für ca. 25 Minuten in den Ofen bei 220°C Ober-/Unterhitze.

7. Serviere die Würstli zusammen mit dem Kartoffelsalat.

KRAUTSTIELGRATIN

MIT POULETSCHENKELN UND BRATKARTOFFELN

50 Minuten + 50 Minuten Backzeit
Zutaten für 4 Portionen

Für die Pouletschenkel:
4 Pouletschenkel
2 EL Senf
versch. Gewürze
1 Rosmarinzweig
1 Tomate, in Scheiben

Für das Krautstielgratin:
1 kg Krautstiel (Stielmangold),
gewaschen und geschnitten
1 Liter Wasser
etwas Salz
1 Spritzer Zitronensaft
1 EL Öl
2 gestr. EL Mehl
5 dl Milch
etwas Bouillon
Pfeffer, nach Belieben
Muskatnuss, nach Belieben
100 g geriebener Käse nach Wahl, z. B. Gruyère

Für die Bratkartoffeln:
4 EL Öl
800 g Kartoffeln, festkochend, geschält,
in gleichmäßigen Würfeln
etwas Salz

1. Mariniere die Pouletschenkel mit Senf und verschiedenen Gewürzen.

2. Pinsle eine Gratinform mit etwas Öl aus und verteile darin die Pouletschenkel. Lege einen Rosmarinzweig und die Tomatenscheiben dazu und gare die Pouletschenkel im Ofen ca. 50 Minuten/ 200°C Ober-/ Unterhitze.

3. Während die Pouletschenkel im Ofen garen, bereite ich das Krautstielgratin vor. Dafür gebe ich den Krautstiel und die schönen grünen und geschnittenen Blätter des Krautstiels mit Wasser, Salz und einem Spritzer Zitronensaft in einen Topf und gare ihn ca. 5 Minuten weich. Anschließend lass ich den Krautstiel in einem Sieb abtropfen.

4. Erhitze das Öl in einer Pfanne und gib das Mehl hinein. Schwitze das Mehl unter Rühren kurz an. Dann rührst du nach und nach die Milch ein und lässt die Sauce unter Rühren aufkochen. Schmecke sie mit Bouillon, Pfeffer und Muskatnuss ab.

5. Pinsle eine weitere Gratinform mit etwas Öl aus. Gib den Krautstiel und die Sauce in die Form und streue den Käse darüber. Gib die Gratinform für die letzten 10 Minuten der Garzeit der Pouletschenkel mit in den Ofen.

6. Für die Bratkartoffeln erhitzt du Öl in einer Pfanne und brätst die Kartoffelwürfel auf mittlerer Hitze bei gelegentlichem Umrühren ca. 25 Minuten goldbraun. Würze die fertigen Kartoffeln mit etwas Salz.

7. Serviere die Pouletschenkel mit Krautstielgratin und Bratkartoffeln.

Tipp:
Im Sommer bereite ich die Pouletschenkel gerne auf dem Grill zu.

Tipp:
Das Apfelmus kannst du gut auf Vorrat kochen. Fülle das fertige Apfelmus in heiß ausgespülte Gläser und lagere die Gläser kühl und trocken. So hast du das Apfelmus immer schnell zur Hand.

HÖRNDLI

MIT HACKFLEISCH UND APFELMUS

Dieses Gericht gab es oft an Waschtagen.
Ein sehr beliebtes Kindermenü ...

30 Minuten
Zutaten für 4 Portionen
Utensilien: Stabmixer

Für das Apfelmus:
1 kg–1 ½ kg Äpfel (Gravensteiner, Boskop, Jonathan),
geschält, entkernt, halbiert oder geviertelt
1 dl Wasser
1 Spritzer Zitronensaft

Für die Hörndli mit Hackfleisch
1 EL Öl
1 Zwiebel, gehackt
1 Knoblauchzehe, gehackt
400 g Hackfleisch, Rind oder gemischt
3 EL Tomatenmark
mildes Paprikapulver, nach Belieben
1 EL Mehl
1 dl Rotwein
4 dl Bouillon
Salz, Pfeffer, Streuwürze, nach Belieben
Kräuter (Basilikum, Majoran, Oregano),
nach Belieben
350 g Hörndli

1. Als Erstes gebe ich die Apfelhälften oder Viertel mit Wasser und Zitronensaft in eine Pfanne und lass die Äpfel zugedeckt ca. 15–20 Minuten weichkochen. Dann verarbeite ich die Masse mit einem Stabmixer zu einem Püree.

2. Erhitze Öl in einer Pfanne und dünste darin die Zwiebel und den Knoblauch an. Gib das Hackfleisch dazu und brate es an.

3. Gib das Tomatenmark dazu und schwitze es kurz an. Streue Paprikapulver und Mehl drüber und brate beides kurz mit an. Lösche mit dem Rotwein ab und lass ihn kurz einkochen. Dann gibst du die Bouillon dazu und lässt die Sauce zugedeckt mindestens 15 Minuten köcheln. Wenn ich viel Zeit habe, dann köchelt die Sauce 1 Stunde lang, dann wird sie noch aromatischer. Schmecke die Sauce zum Schluss mit Salz, Pfeffer oder Streuwürze und Kräutern ab.

4. Koche die Hörndli nach Packungsanweisung in Salzwasser oder Bouillon al dente.

5. Verteile Hörndli und Sauce auf Teller und serviere das Apfelmus separat dazu.

PILAW À LA MAMI

Züschtigs-Menü: Bei uns gab es den Pilaw immer am Dienstag, da meine Mutter am Vormittag turnen war.

35 Minuten
Zutaten für 4 Portionen

1 EL Öl
1 Zwiebel, gehackt
1 Knoblauchzehe, gehackt
400 g Rinderhackfleisch
2–3 Lauchstangen, in ca. 1–2 cm Ringen
2 Rüebli, geschält, in Würfeln
¾ TL Salz
Pfeffer, nach Belieben
1 TL Paprikapulver, edelsüß
etwas Rosmarin
200 g Reis
1 dl Weißwein
ca. 7 dl Bouillon

1. Erhitze Öl in einer Pfanne und dünste die gehackte Zwiebel und den gehackten Knoblauch darin kurz an. Gib das Hackfleisch dazu, lockere es mit einer Gabel auf und dünste es.

2. Nun füge ich die Lauchringe und die Rüebliwürfel hinzu und dünste das Gemüse 5 Minuten mit an. Ich würze alles mit Salz, Pfeffer, Paprika und etwas Rosmarin.

3. Gib den Reis dazu und dünste ihn kurz mit an. Lösche die Mischung mit Weißwein ab und lass den Weißwein kurz einköcheln. Gieße die Bouillon dazu und lass das Gericht 20 Minuten zugedeckt köcheln.

4. Schmecke den Pilaw zum Schluss nochmal ab und richte ihn an.

Tipp:
Ich serviere gerne Reibkäse und Salat dazu.

SAFTPLÄTZLI

MIT KARTOFFELGRATIN UND GROSSMUTTER-RÜEBLI

Ein Festessen für jeden Sonntag ...

1 Stunde 20 Minuten inklusive Backzeit
Zutaten für 4 Portionen

Für das Kartoffelgratin:
1 Knoblauchzehe, halbiert
1 EL Margarine
800 g Kartoffeln, vorwiegend festkochend, geschält,
in dünnen Scheiben
1 ½ TL Salz
etwas Pfeffer aus der Mühle
4 dl Milch
3 dl Rahm
etwas Margarine, in Flocken

Für die Saftplätzli:
8 dünne Rindsplätzli (Rinderschnitzel)
Salz & Pfeffer, nach Belieben
Majoran, nach Belieben
100 g Speckwürfeli
1 EL Öl
2 Zwiebeln, in Ringen
6 Champignons, geputzt, geviertelt
1 EL Tomatenmark
1 dl Rotwein
Bouillon
1 Lorbeerblatt

Für die Großmutter-Rüebli:
1 EL Öl
1 Zwiebel, fein gehackt
300 g Rüebli, geschält, in schrägen Rondellen
1 dl Bouillon
Peterlig, gehackt, zum Dekorieren

Zubereitung folgt auf Seite 60

1. Für das Kartoffelgratin halbierst du die Knoblauchzehe, streichst eine große Gratinform damit aus und legst die Knoblauchzehe mit in die Form rein. Fette die Form außerdem mit der Margarine gut ein.

2. Schichte die dünnen Kartoffelscheiben lagenweise in die Form und würze sie mit 1 TL Salz und Pfeffer.

3. Vermische Milch, Rahm und einen ½ TL Salz in einem Rührbecher und gieße die Mischung über die Kartoffeln. Verteile ein paar Margarineflocken über den Kartoffeln und backe das Gratin im Ofen ca. 55 Minuten/ 180°C Ober-/Unterhitze.

4. Für die Saftplätzli würzt du die Rindsplätzli mit Salz, Pfeffer und Majoran.

5. Gib die Speckwürfeli in eine Pfanne und dünste sie an. Füge das Öl und die Plätzli dazu und brate die Plätzli von beiden Seiten kurz an. Gib Zwiebeln und Champignons dazu und brate alles kurz an.

6. Lösche alles mit Tomatenmark und Rotwein ab und gieße soviel Bouillon dazu, bis die Plätzli komplett mit Flüssigkeit bedeckt sind. Gib das Lorbeerblatt dazu und lass die Plätzli zugedeckt 1 Stunde schmoren. Wende den Pfanneninhalt nach einer ½ Stunde einmal.

7. Gieße nach der Garzeit vom Kartoffelgratin nochmal 1,5 dl Rahm über die Kartoffeln und backe das Gratin weitere 20 Minuten, bis die Kartoffeln weich sind, die Flüssigkeit nicht ganz eingekocht ist und das Gratin eine schöne braune Kruste hat.

8. Für die Rüebli erhitzt du Öl in einer Pfanne und dünstest darin die Zwiebeln glasig an. Gib die Rüebli dazu und lösche mit der Bouillon ab. Lass die Rüebli ca. 25–30 Minuten zugedeckt köcheln.

9. Richte die Saftplätzli mit Kartoffelgratin und Rüebli an und garniere die Rüebli mit etwas Peterlig.

KUTTELN NACH ENGGISTEIN GROSI

MIT TOMATENSAUCE
UND KARTOFFELSTOCK

50 Minuten + 15 Minuten Backzeit
Zutaten für 4 Portionen
Utensilien: Kartoffelpresse oder -stampfer

Für die Kutteln:

800 g Kutteln

1 EL Öl

1–2 Zwiebeln, gehackt

2 Knoblauchzehen, gehackt

1 dl Rotwein

400 g Pelati-Tomaten aus der Dose, gewürfelt

1–2 EL Tomatenmark

Salz & Pfeffer, nach Belieben

½ dl Malaga

1 EL Bratensaucenpulver

1 dl Wasser

100 g Reibkäse

Butterflöckli zum Bestreuen

Für den Kartoffelstock:

800 g Kartoffeln, geschält, in großen Stücken

2–3 dl Milch

30 g Butter

Salz oder Streuwürze, nach Belieben

Muskat, nach Belieben

1. Schneide die Kutteln in Streifen. Achte darauf, dass sie nicht allzu dünn werden. (Oder lass sie vom Metzger grob schneiden). Erhitze das Öl in einer großen Pfanne und schwitze zunächst die gehackte Zwiebel und den gehackten Knoblauch leicht an. Gib die Kutteln dazu und brate die Mischung an. Die Kutteln sind fertig, wenn sie wie eine Rösti leicht goldbraun sind. Besser nicht auf großer Hitze braten!

2. Lösche die Kutteln mit dem Rotwein ab und lass ihn etwas einkochen. Gib die gewürfelten Pelati-Tomaten und das Tomatenmark dazu, vermische alles und lass es aufkochen. Würze die Sauce mit Salz und Pfeffer. Dann gebe ich noch eine Gutsch Malaga dazu und lass die Mischung zugedeckt bei mittlerer Hitze 10–15 Minuten kochen. Rühre von Zeit zu Zeit immer mal wieder um. Heize den Backofen auf 220°C Ober-/Unterhitze vor.

3. Löse das Bratensaucenpulver im Wasser auf und rühre es in die Tomatensauce ein.

4. Fette eine Gratinform ein. Ich gebe dann die Kuttelmischung in die Form, verteile den Reibkäse und ein paar Butterflöckli oben drüber und überbacke die Kutteln im vorgeheizten Ofen 15 Minuten/ 220°C Ober-/Unterhitze, bis der Käse eine schöne Kruste hat.

5. Für den Kartoffelstock gibst du die Kartoffeln in einen Topf und bedeckst sie mit Salzwasser. Bring das Wasser zum Kochen und lass die Kartoffeln dann zugedeckt bei mittlerer Hitze 20–25 Minuten köcheln. Mache am Ende der Kochzeit eine Garprobe und gieße die fertigen Kartoffeln ab.

6. Erhitze Milch und Butter in einer Pfanne. Drücke die Kartoffeln durch eine Presse oder zerstampfe sie mit einem Kartoffelstampfer. Rühre die zerstampften Kartoffeln in die warme Milch ein und rühre so lange alles gut durch, bis sich alles schön und luftig miteinander verbunden hat. Schmecke den Kartoffelstock mit Salz oder Streuwürze und Muskat ab.

7. Serviere die gratinierten Kutteln mit dem Kartoffelstock.

Ä Guete!

Tipp:
Um den Kartoffelstock
besonders luftig zu
machen, kannst du noch
ein wenig Schlagrahm
drunterrühren.

RICHIGEN BRATEN
MIT ROTKRAUT UND KASTANIEN

1 Stunde 30 Minuten inklusive Backzeit
Zutaten für 4 Portionen

Für den Braten:
10–12 Dörrpflaumen, entsteint
2 EL Cognac
2 Zwiebeln, eine gewürfelt
1 Rüebli, geschält, in Scheiben
etwas Champignons oder Steinpilze (getrocknete
vorher einweichen), geputzt, in Scheiben
etwas Sellerie und Lauch, geputzt,
in Stücken und Ringen
3 Nelken
1 kg Schweinshals
2 EL Senf, mild
Salz, Pfeffer, Majoran, nach Geschmack
1 Lorbeerblatt
2–3 Saucenknochen
3 dl Weißwein
2 dl Bouillon + 1 dl zum Ablöschen (oder 1 dl Rotwein)
2 EL Öl
1 TL Tomatenpüree

Mamis Rotkraut:
1 EL Öl
1 Zwiebel, gehackt
1 kg Rotkraut, gewaschen, in ca. 1 cm Streifen
2 EL Rotweinessig
1 säuerlicher Apfel, geschält, entkernt, gerieben
3–4 dl Rotwein
1 Würfel Bouillon

1 Lorbeerblatt
1 EL Johannisbeergelee
1 Msp. Zimt
500 g geschälte Kastanien

1. Weiche die Dörrpflaumen 1 Stunde im Cognac ein. Würfle eine Zwiebel, schneide das Rüebli und die Pilze in Scheiben. Schneide den Lauch in Ringe und den Sellerie in Stücke und bestecke die zweite Zwiebel rundherum mit Nelken.

2. Heize den Backofen auf 220°C Ober-/Unterhitze vor.

3. Bewahre die Marinade der Dörrpflaumen auf. Bring die Dörrpflaumen zum Metzger und lass sie in den Braten einstechen. Zuhause streichst du den Braten mit Senf ein und würzt ihn. Wenn für dich kein Metzger des Vertrauens erreichbar ist, einfach den Braten mutig an einigen Stellen mit einem scharfen Messer einstechen und mit den Pflaumen befüllen.

4. Ich gebe den Braten dann direkt zusammen mit der ganzen Zwiebel, dem Lorbeerblatt und den Saucen-knochen in den vorgeheizten Backofen und stelle dann nach ca. 20 Minuten die Hitze auf 180°C zurück.

5. Begieße den Braten immer wieder mit Wein und Bouillon. Gare den Braten im Ofen, bis er eine Kern-temperatur von 85°C erreicht hat. Das dauert insge-samt ca. 1 Stunde 20 Minuten.

6. Für das Rotkraut erhitzt du das Öl in einem großen Topf und dünstest Zwiebel und Rotkrautstreifen an. Gieße den Rotweinessig darüber und lass die

Tipp:

Dazu passen Bratkartoffeln, Teigwaren oder Spätzli.

Mischung 15 Minuten auf niedriger Hitze köcheln. Dabei immer wieder umrühren.

7. Gib nun die restlichen Zutaten bis auf die Kastanien dazu und vermische alles gut miteinander und koche es ca. 50 Minuten–1 Stunde.

8. Nun lege die letzten 20 Minuten die Kastanien auf das Rotkraut und lass die Mischung zugedeckt weiter köcheln

9. Entferne vor dem Servieren das Lorbeerblatt. In der Zwischenzeit dämpfe ich Zwiebel, Champignons, Sellerie, Lauch und Rüebli 5 Minuten an und lösche das Gemüse mit 1 dl Bouillon oder Rotwein ab.

10. Nimm den Braten aus dem Ofen und gib die Marinade, die Bratenflüssigkeit und das Tomatenpüree mit in die Pfanne. Lass die Sauce nochmal aufkochen und schmecke sie ab. Serviere den Braten mit Sauce, Rotkraut und Kastanien.

LAUBFRÖSCHE

MIT OFENKARTOFFELN

*Laubfrösche gehören zu meiner traditionellen Familienküche
einfach dazu. In Deutschland sind sie besser bekannt als Kohlrouladen.
Bei uns wird die Füllung in Lattichblätter statt Kohl eingewickelt.
Dazu genießen wir gerne Ofenkartoffeln.*

55 Minuten inklusive Backzeit
Zutaten für 4 Portionen

Für die Ofenkartoffeln:
1 kg kleine neue Kartoffeln, festkochend,
gewaschen, halbiert
Pfeffer, nach Belieben
Streuwürze, nach Belieben
Paprikapulver, edelsüß, nach Belieben
2–3 EL Olivenöl
Öl oder Butter für die Form

Für die Laubfrösche:
1–2 Lattich (Römersalat)
2 Liter Wasser
2 ½ TL Salz
2 EL neutrales Öl
400 g Kalbsfleisch, gehackt (oder Schweinefleisch)
1 Zwiebel, fein gehackt
1 EL Mehl
2 dl Bouillon
1 TL Pfeffer aus der Mühle
1 dl Rahm
2 EL Sbrinz, Reibkäse oder andere Käsereste,
fein gerieben

1. Für die Ofenkartoffeln reibe ich die Gratinform mit Öl oder Butter ein. Die Kartoffeln halbierst du ungeschält und legst sie mit gerader Seite nach oben in die Gratinform. Bestreiche die Oberfläche mit Öl und würze die Kartoffeln mit Pfeffer, Streuwürze und Paprika.

2. Die Kartoffeln gibst du in den Ofen und bäckst sie ca. 40–45 Minuten/ 200°C Umluft goldbraun.

3. Für die Laubfrösche putzt du den Lattich und löst die Blätter vorsichtig ab. Achte darauf, dass sie ganz bleiben. Gib 2 l Wasser mit 1 ½ TL Salz in einen Topf und lass es aufkochen. Wenn das Wasser kocht, gibst du die Blätter ins Wasser, eventuell in mehreren Etappen und blanchierst sie ca. 1 Minute.

4. Nimm die Blätter mit einer Schöpfkelle aus dem kochenden Wasser heraus und gib sie sorgfältig auf ein Geschirrtuch zum Abtropfen und etwas abkühlen.

5. Lege 8 große Blätter bereit und verteile die restlichen kleineren Blätter auf den 8 großen.

6. Erhitze 1 EL Öl in der Pfanne. Gib das Hackfleisch hinein und brate es leicht an. Gib die fein gehackte Zwiebel dazu und dünste sie kurz mit an. Streue das Mehl darüber und schwitze es unter Rühren kurz an. Lösche das Fleisch mit der Bouillon ab, würze es mit

Tipp:
Im Sommer kannst du die Ofenkartoffeln auch sehr gut auf dem Grill mit Grillfleisch zubereiten.

Salz und Pfeffer und lass es weitere 5–10 Minuten köcheln.

7. Verteile die Fleischfüllung auf den 8 Lattichblättern und forme sie zu kleinen Päckchen.

8. Erhitze Öl in der Pfanne und gib die Päckchen mit dem Verschluss nach unten hinein. Dämpfe die Päckchen kurz an.

9. Nun gebe ich 1 dl Bouillon dazu und lass die Laubfrösche zugedeckt 20 Minuten köcheln.

10. Die letzten 5 Minuten deckst du die Pfanne ab und lässt die Sauce etwas einkochen. Dann gebe ich Rahm und Sbrinz dazu und verrühre alles vorsichtig aber gut und lass den Käse schmelzen.

11. Verteile Laubfrösche und Kartoffeln auf Tellern und gib die Sauce über die Laubfrösche. Nun kannst du's dir schmecken lassen!

RINDSZUNGE

MIT WEISSWEINSAUCE

3 Stunden 15 Minuten
(davon aktive Kochzeit: 45 Minuten)
Zutaten für 4 Portionen
Utensilien: Kartoffelpresse oder -stampfer

Für die Rindszunge:

3–4 Liter Wasser

1 Zwiebel mit Lorbeerblatt und Nelke besteckt

1 Rindszunge (1,5 kg), gesalzen

Kapern zum Bestreuen

Für die Weißweinsauce:

1 EL Öl

2 EL Mehl

1 dl Weißwein

5 dl Bouillon

Tipp:
Serviere die Zunge
mit Kartoffelstock
(s. S. 61).

1. Gieße für die Rindszunge das Wasser in eine hohe Pfanne. Gib die besteckte Zwiebel und die Rindszunge ins Wasser und lass das Wasser aufkochen. Lass die Rindszunge zugedeckt bei niedriger Hitze ca. 3 Stunden köcheln.

2. Eine halbe Stunde bevor die Zunge fertig ist, bereitest du den Kartoffelstock wie auf Seite 61 zu.

3. Ich kontrolliere am Ende der Kochzeit der Rindszunge die Zungenspitze mit einem Messer. Sie muss weich sein und die Haut sollte sich von der Spitze her gut ablösen lassen. Nimm die Zunge aus dem Topf, löse die Haut ab, schneide sie in Scheiben und halte sie warm.

4. Für die Weißweinsauce gibst du Öl in einen Topf. Gib das Mehl, den Weißwein und die kalte Bouillon dazu. Lass die Sauce unter ständigem Rühren mit einem Schwingbesen aufkochen und köchle sie dann auf niedriger Stufe noch etwas weiter. Ich rühre sie immer wieder um und schmecke die Sauce mit Salz und Pfeffer ab.

5. Richte die Rindszungenscheiben und den Kartoffelstock auf Tellern an. Gib die Sauce darüber und streue nach Belieben noch ein paar Kapern über das Gericht.

FISCH AUS DEM OFEN AUF GEMÜSE MIT REIS

Bei uns war immer am Freitag Fischtag. Früher liebte ich Fischstäbli und später wurde dieser Fisch aus dem Ofen meine Lieblings-Fischspeise.

20 Minuten + 20 Minuten Backzeit
Zutaten für 4 Portionen

600 g Fischfilet, Zander oder Hecht
Zitronensaft zum Beträufeln
Salz oder Streuwürze, nach Belieben
Pfeffer, nach Belieben
1 Stange Lauch, geputzt, halbiert, in dünnen Streifen
5 Rüebli, geschält, in dünnen Streifen
1 Zwiebel, fein gehackt
1 Bund Peterling, gehackt
1 kleine Dose Mais à 212 ml
1 mittlere Zucchini, klein gewürfelt
½ dl Weißwein
½ dl Bouillon
ein paar Butterflöckli zum Bestreuen
400 g Reis

1. Fette eine Gratinform ein.

2. Tupfe das Fischfilet trocken, beträufle es mit Zitronensaft und würze es. Schneide den halbierten Lauch und die Rüebli mit einem Julienneschneider oder von Hand in dünne Streifen.

3. Dann verteile ich feingehackte Zwiebeln, Peterlig, Lauch- und Rüeblistreifen, Mais und Zucchini in der Gratinform und bereite so ein Bett für den Fisch. Ich gebe dann den Fisch auf das Gemüsebett und gieße noch Weißwein und Bouillon darüber. Ich verteile noch einige Butterflöckli auf Gemüse und Fisch und dämpfe den Fisch anschließend im Ofen 20 Minuten/ 180°C Umluft. Passe die Backzeit je nach Dicke des Fisches etwas an.

4. Bereite währenddessen den Reis nach Packungsanweisung zu.

5. Verteile Fisch, Gemüse und Reis auf Teller und serviere das Gericht.

Tipp 1:

Beim Gemüse kannst du gerne das verwenden, was du gerade zuhause hast.

Tipp 2:

Den Reis kannst du statt mit Salzwasser auch mit Bouillon und zusätzlichen Kräutern kochen.

BRÄTSCHNITTEN

Eine schnelle und einfache Mahlzeit, die sich auch gut für ein Buffet eignet.
Je nach Gusto kann man mehr oder weniger Brätmasse drauf tun.
Ich mag es eher mit weniger Masse.

5 Minuten + 15–20 Minuten Backzeit
Zutaten für 6 Portionen

600 g Kalbsbrät
1 Zwiebel, fein gehackt
1 Knoblauchzehe, fein gehackt
1 Bund Peterlig, Blättchen abgezupft, gehackt
etwas frischer Rosmarin, fein gehackt
1 TL Maggi oder Worcestershiresauce
½ TL Paprikapulver, edelsüß
Pfeffer, frisch gemahlen, nach Belieben
Salz, nach Belieben
12 Scheiben Toastbrot
Margarine zum Bestreichen

1. Gib das Kalbsbrät, die gehackte Zwiebel, den gehackten Knoblauch, den gehackten Peterlig und den Rosmarin in eine Schüssel und rühre alles gut um.

2. Dann würze ich die Brätmischung mit Maggi oder Worcestershiresauce, Paprika, Pfeffer und eventuell etwas Salz. Das mische ich dann alles nochmal gut durch.

3. Dann bestreiche ich die Toastbrotscheiben dünn mit Margarine und verteile die Brätmasse auf den Toastscheiben. Ich streiche die Masse bergartig glatt.

4. Verteile die Toastscheiben auf einem mit Backpapier ausgelegten Backblech und backe sie 15–20 Minuten/220°C Ober-/Unterhitze in der Mitte des Ofens.

5. Serviere die Brätschnitten noch heiß. Dazu passt ein gemischter Salat.

BERNER-CHRÄBS
MIT OFENKARTOFFELN UND LAUCH

Dieses Gericht habe ich als Kind sehr gerne gegessen –
es braucht nicht viele Zutaten und ist schnell zubereitet!
Wir machen die Ofenkartoffeln mit Lauch auch oft bei Grillabenden.

15 Minuten + ca. 35–40 Minuten Backzeit
Zutaten für 4 Portionen

Für die Ofenkartoffeln mit Lauch:

1 kg kleine neue Kartoffeln, festkochend,
in kleinen Würfeln
Pfeffer, nach Belieben
Streuwürze, nach Belieben
Paprikapulver, edelsüß, nach Belieben
2–3 EL Öl
1 Lauchstange, geputzt, in Ringen
Öl und Butter für die Form

Für die Berner-Chräbs:

4 Cervelas, Schweizer Brühwurst, alternativ Bockwurst
1 EL neutrales Öl

Tipp:
Knoblauch in kleine
Scheiben geschnitten
und unter die Kartoffeln
gemischt, gibt einen
schönen Geschmack.

1. Heize den Backofen auf 200°C Umluft vor. Für die Ofenkartoffeln reibe ich die Gratinform mit Öl oder Butter ein. Die Kartoffeln schneidest du ungeschält in kleine Würfel und verteilst sie in der Gratinform. Würze die Kartoffeln mit Pfeffer, Streuwürze und Paprika. Ich gieße einen guten Gutsch Öl darüber und rühre alles gut um.

2. Die Kartoffeln gibst du in den vorgeheizten Ofen und bäckst sie ca. 35–40 Minuten goldbraun. Rühre die Kartoffeln gelegentlich um.

3. Dämpfe die Lauchringe bei niedriger Hitze in der Pfanne, bis sie weich sind und mische sie nach der Backzeit den Kartoffeln unter.

4. Ich schäle die Cervelas und schneide beide Enden der Cervelas jeweils wie ein Schweizerkreuz ein.

5. Erhitze das Öl in der Pfanne und brate die Cervelas rundherum gut an, bis die Chräbse ihre Beinchen strecken.

6. Richte die Kartoffeln, den Lauch und die Cervelas auf Teller an und serviere sie.

Vegetarische Hauptgerichte

BIRNEN-KÄSE-GRATIN

*Meine Mutter hat das Gratin immer gemacht, wenn alte Birnen
aufgebraucht werden mussten und Käsereste übrig waren.
Darum spielt die Käsesorte bei diesem Rezept keine große Rolle.*

10 Minuten + ca. 50 Minuten Backzeit
Zutaten für 4 Portionen

8 Scheiben Toastbrot oder
ca. gleich viel altes Brot
1 dl Weißwein
4 Birnen, geschält, halbiert
200 g Käse, in Würfeln + 100 g Käse,
gerieben (Appenzeller,
Greyerzer oder Tilsiter, was gerade
im Kühlschrank ist)
Butterflöckli zum Bestreuen
Fett für die Form

Für den Guss:
2 Eier
2 dl Kaffeerahm
1 dl Milch
¼ TL Salz
wenig Pfeffer
wenig Muskat

1. Lege die Hälfte des Toastbrots oder des alten Brotes in eine gefettete Auflaufform. Träufle die Hälfte vom Weißwein darüber. Schneide die halbierten Birnen in 3 cm dicke Schnitze und verteile die Hälfte der Birnenschnitze auf dem Brot. Verteile einen Teil vom gewürfelten Käse auf den Birnenschnitzen.

2. Verrühre alle Zutaten für den Guss in einem hohen Rührbecher und gieße die Hälfte vom Guss über die Birnen. Dann schichte ich eine weitere Lage Brot ein, beträufle das Brot wieder mit Weißwein, verteile Birnenschnitze darauf, gib Käsewürfel dazu und gieße den restlichen Guss darüber.

3. Bestreue den Auflauf mit dem geriebenen Käse und gib noch ein paar Butterflöckli oben auf.

4. Gratiniere den Birnenauflauf im Backofen bei 200°C Ober-/Unterhitze auf der untersten Schiene ca. 50 Minuten.

SAUERKRAUTGRATIN

Auch dieses Gericht ist ein tolles Beispiel dafür, auf welche Weise man Reste kreativ aufbrauchen kann. Dieses Gratin gab es bei uns immer, wenn noch Reste vom Sauerkraut von der Berner Platte übrig waren. Auch Käsereste lassen sich hier wieder sehr gut aufbrauchen.

10 Minuten + ca. 25 Minuten Backzeit
Zutaten für 4 Portionen

400 g Sauerkraut, fertig zubereitet, im Beutel
500 g Spätzli aus dem Kühlregal
250 g Saurer Halbrahm oder Saucenrahm
Salz oder Streuwürze, nach Belieben
200 g Reibkäse, nach Geschmack
Fett für die Form

1. Fette eine Gratinform ein.

2. Erwärme das Sauerkraut nach Packungsanweisung mit etwas Flüssigkeit. Verteile Sauerkraut und Spätzli in der Gratinform und mische alles gut durch. Dann mische ich den Rahm unter und schmecke alles mit Salz oder Streuwürze ab.

3. Zuletzt streust du den Käse drüber und gibst den Auflauf für ca. 25 Minuten/ 200°C Ober-/Unterhitze in den Ofen, bis der Käse schön geschmolzen ist.

ROHE RÖSTI

MIT KÄSE

*Die Rösti ist der absolute Schweizer Klassiker!
Mit rohen Kartoffeln ist sie schnell und einfach gemacht
und wird in der Pfanne super knusprig!*

45–55 Minuten
Zutaten für 4 Portionen
Utensilien: Rösti-Raffel

1 kg Kartoffeln, festkochend, geschält
2 TL Salz
2–3 EL neutrales Öl oder Bratbutter
Butterflöckli
150 g Tilsiter, grob gerieben

*Tipp:
Für Nicht-Vegetarier:
Es können auch
Speckwürfeli unter die
geriebenen Kartoffeln
gerührt werden.*

1. Reibe die Kartoffeln mit einer Rösti-Raffel. Gib sie in ein Sieb und spüle sie unter kaltem Wasser kurz ab. Erhitze das Öl in einer Pfanne und gib die Kartoffeln in die Pfanne. Mische das Salz unter. Dann schiebe ich die Masse zu einem Fladen zusammen. Verteile ein paar Butterflöckli auf die Rösti und decke die Pfanne mit einem Deckel ab.

2. Brate die Rösti ca. 20–30 Minuten auf mittlerer Hitze an, bis sich eine goldbraune Kruste gebildet hat. Dann wende ich die Rösti, indem ich den ganzen Fladen auf einen flachen Deckel oder passenden Teller stürze und mit der ungebratenen Seite nach unten wieder in die Pfanne gleiten lasse. Jetzt verteile ich den geriebenen Käse über die Rösti und brate sie für weitere 15 Minuten bei geschlossenem Deckel, bis der Käse geschmolzen ist.

3. Schneide die Rösti in gewünschte Portionen und serviere sie. Dazu passt ein Kopfsalat oder ein gemischter Salat.

Süßspeisen

APFELSALAT

À LA MAMI

10 Minuten
Zutaten für 4 Portionen
Utensilien: Rösti-Raffel

ein paar Spritzer Zitronensaft

1–2 EL Zucker

300 g Vanillejoghurt

2 TL Zimt + zum Bestäuben

4–6 Äpfel, geschält, entkernt, grob gerieben

1. Gib Zitronensaft, Zucker, Joghurt und Zimt in eine große Schüssel und vermische alles gut miteinander.

2. Ich raffle die Äpfel grob und mische sie dann unter die Joghurtcreme.

3. Verteile den Salat in Schüsseln und bestäube ihn nach Belieben noch mit ein wenig Zimt.

Tipp:

Ein Blanc battu anstelle von einem Vanillejoghurt macht das Ganze leichter und meine Mutter verwendete immer Berner Rosenapfel oder rote Äpfel.

JOHANNISBEER-CREME

5 Minuten
Zutaten für 4 Portionen

500 g fertige Vanillecreme im Becher
300–400 g Johannisbeeren, gewaschen, entstielt
Schlagrahm für die Deko

1. Gib die Vanillecreme in eine Schüssel.

2. Hebe die vorbereiteten Johannisbeeren unter die Creme.

3. Ich richte die Creme in Glasschalen an und dekoriere sie mit einem Tupfen Niidle (Schlagrahm).

Tipp:

Haben Johannisbeeren gerade keine Saison, kannst du auch gerne jede andere Beerenart deiner Wahl verwenden. Auch möglich mit gefrorenen Beeren.

KIRSCHENAUFLAUF

Manchmal muss es einfach ein süßer, fruchtiger, warmer Auflauf sein! Er eignet sich auch mal als süße Hauptspeise! Wir machen dieses Rezept heute noch oft, besonders wenn die Kirschenernte bei meiner Schwester Tanja ansteht.

10 Minuten + 50 Minuten Backzeit
Zutaten für 4 Portionen

100 g Weißmehl
1 Prise Salz
60 g Zucker
1 dl Rahm
3 Eigelb
1 Ei
50 g Margarine
2 dl Milch
500 g Kirschen, entsteint
Puderzucker zum Bestäuben

Tipp:
Wenn du schöne kleine Gratinformen hast, kannst du auch 4 einzelne Portionen in kleinen Förmchen gratinieren.

1. Heize den Backofen auf 180°C Ober-/ Unterhitze vor.

2. Gib das Mehl in eine Schüssel und vermische es mit Salz und Zucker. Fülle den Rahm, die 3 Eigelb und das Ei in einen hohen Rührbecher und verrühre die Zutaten gründlich miteinander. Dann gibst du die Mischung zum Mehl in die Schüssel und rührst den Teig glatt.

3. Erhitze die Margarine in einem kleinen Topf und rühre die flüssige Margarine lauwarm unter den Teig. Rühre nun noch die Milch unter den Teig.

4. Fette eine Gratinform ein und gieße den Teig in die Form. Achte darauf, dass die Gratinform nur zu ¾ mit Teig gefüllt sein darf, da noch die Kirschen dazukommen. Verteile die Kirschen auf dem Teig. Einige werden einsinken und das ist auch gut so.

5. Nun gebe ich die Gratinform in den vorgeheizten Ofen und backe das Gratin ca. 50 Minuten/ 180°C Ober-/Unterhitze. Nach dem Backen lass ich das Gratin kurz auskühlen, bestäube es mit Puderzucker und serviere es noch lauwarm. Aber auch kalt schmeckt es wunderbar!

EIER-RÖSTI

Eine schnelle und preiswerte Mahlzeit, um altes Brot aufzubrauchen. Ihr könnt sie sowohl salzig als auch süß genießen, ganz wie ihr mögt.

10 Minuten
Zutaten für 4 Portionen

300 g altes Brot
1 dl Milch
4–6 Eier, verquirlt
Fett für die Pfanne

1. Schneide das Brot nach Belieben in Würfel und übergieße es mit der Milch. Es soll nicht in der Milch schwimmen. Rühre um, bis die Milch vom Brot aufgesaugt ist.

2. Dann erhitze ich etwas Fett in der Pfanne und gebe das Brot und die Eimasse dazu. Brate das Ganze unter ständigem Rühren goldbraun an.

3. Verteile die Eier-Rösti auf Teller und serviere sie.

Tipp:
Für eine süße Variante kannst du etwas Zimt-Zucker über das Brot streuen und Apfelmus dazu servieren.

Tipp:
Für eine herzhafte Variante kannst du zusätzlich noch Speck mit anbraten, die Eier mit etwas Salz würzen und etwas Schnittlauch drüber geben. Das Ganze mit einem frischen Salat servieren.

FOTZELSCHNITTEN

Bei uns als Kinder waren sie sehr beliebt in der Rhabarbersaison!
Bei uns gibt es immer Rhabarberkompott dazu, was wir direkt
oben auf die Brotscheiben drauf geben. Zum Schluss
bestreuen wir die Scheiben noch mit Zimt-Zucker.

10 Minuten

Zutaten für 4 Portionen

4 Portionen Früchtekompott (s. S. 103)

8 Scheiben älteres Brot oder Toastbrot

2 dl kalte Milch

3–4 Eier

1 Prise Salz

Öl oder Fett zum Ausbacken

Zimt-Zucker zum Bestreuen

1. Bereite einen Früchtekompott wie auf Seite 103 zu.

2. Nun tauche ich die trockene Brotkruste in die Milch ein.

3. Verquirle die Eier mit dem Salz und wende die Brotscheiben in der Eiermischung.

4. Erhitze etwas Öl oder Fett in einer Pfanne und brate die Brotscheiben von beiden Seiten goldbraun aus.

5. Lege die Brotscheiben auf Teller und gib das Kompott oben drauf. Bestreue die Brotscheiben noch mit etwas Zimt-Zucker.

GRIESSBREI
MIT ZIMT-ZUCKER UND KOMPOTT

Ob als Mittagessen oder zum Znacht,
Grießbrei geht immer!

40 Minuten
Zutaten für 6 Portionen

Für den Grießbrei:
1 ½ Liter Milch
½ Vanilleschote, aufgeschnitten
(oder Vanillepulver)
½ TL Salz
150 g Grieß
Zimt-Zucker zum Bestreuen

Für das Früchtekompott:
1,5 dl Wasser
800 g Früchte nach Wahl und Saison,
geputzt, evtl. geschält, evtl. geviertelt
1–3 EL Zucker
1 Spritzer Zitronensaft

1. Gib die Milch mit der aufgeschnittenen Vanilleschote in eine Pfanne und koche die Milch auf.

2. Gib das Salz in die kochende Milch und rühre den Grieß mit einer Kelle nach und nach in die Milch ein. Lass den Grießbrei auf kleiner Hitze 20 Minuten kochen. Rühre zwischendurch immer wieder um.

3. Für das Früchtekompott gibst du das Wasser, das vorbereitete Obst, den Zucker und den Zitronensaft in eine Pfanne. Dann erhitze ich die Pfanne auf hoher Stufe, bis es dampft und zischt und stelle dann auf niedrige Hitze und lass die Früchte 10 Minuten dämpfen.

4. Den fertigen Grießbrei gebe ich in Suppenteller, bestreue ihn mit Zimt-Zucker und serviere ihn mit dem Früchtekompott. Einfach himmlisch!

Kuchen, Brot und Gebäck

APFELKUCHEN GERAFFELT

Apfelkuchen gibt es bei uns sehr oft zum Abendessen, da wir Apfelbäume haben. Zuerst Kaltes Plättli und dann noch Apfelkuchen, oder Samstagmittag nach einer leckeren Gemüsesuppe.

15 Minuten + 30 Minuten Ruhezeit + 45 Minuten Backzeit
Zutaten für 1 Kuchen
Utensilien: Tarteform, Ø 26 cm, Röstiraffel

Für den Teig:
150 g Weißmehl
½ TL Salz
75 g kalte Butter, in Stücken
3–4 EL kaltes Wasser

Für die Füllung:
4 EL gemahlene Haselnüsse
1 Handvoll Sultaninen
4–6 Äpfel, entkernt, geschält, geraffelt

Für den Guss:
2 Eier
1 TL Zimt
1 dl Kaffeerahm
1 Päckli Vanillezucker
1 TL Backpulver

Zimt-Zucker zum Bestreuen
Schlagrahm zum Servieren

1. Heize den Backofen auf 200°C Ober-/ Unterhitze vor.

2. Für den Teig vermischst du Mehl, Salz und Butter zu einer gleichmäßig feinen Masse. Dann mache ich eine Vertiefung in den Teig, gib das Wasser dazu und verknete alles rasch zu einem Teig. Wickle den Teig in Frischhaltefolie ein und lass ihn eine halbe Stunde im Kühlschrank ruhen.

3. Rolle den Teig auf einer bemehlten Arbeitsfläche rund in Springformgröße aus. Lege die Springform mit Backpapier aus und kleide den Boden mit dem Teig aus, forme dabei auch einen 3 cm hohen Rand. Steche den Boden mehrmals mit einer Gabel ein.

4. Streue die Haselnüsse auf den Boden und verteile die Sultaninen darüber. Verteile die geraffelten Äpfel auf dem Teig und backe den Kuchen im vorgeheizten Ofen 15 Minuten/ 200°C Ober-/Unterhitze im unteren Ofendrittel.

5. Dann rühre ich den Guss zusammen. Dafür vermenge ich Eier, Zimt, Kaffeerahm, Vanillezucker und Backpulver in einem hohen Rührbecher.

6. Nimm den Kuchen vorsichtig aus dem Ofen und gieße den Guss darüber. Dann bäckst du den Kuchen weitere 30 Minuten im unteren Ofendrittel.

7. Bestreue den Kuchen noch heiß mit Zimt-Zucker und lass ihn anschließend vollständig auskühlen. Serviere den Kuchen mit einem Klecks Schlagrahm.

Tipp:
Wenn es mal schnell gehen soll, kannst du auch fertigen Kuchen-teig für den Boden verwenden.

ORANGEN-TORTE

15 Minuten +
2 Stunden 15 Minuten Kühlzeit +
20–25 Minuten Backzeit
Zutaten für 1 Torte
Utensilien: 1 Tarteform, ø 24 cm

1 Päckli fertiger Mürbeteig
aus dem Kühlregal (500 g)
Fett für die Form

Für die Füllung:
Abrieb von ½ Bio-Orange
3 EL Orangenkonfitüre
2 EL Grenadine
50 g Zucker
100 g Mascarpone
Saft von 2 Orangen
3 Blatt Gelatine
1,8 dl Halbrahm, steif geschlagen

Orangenfilets für die Deko

Tipp:
Statt Grenadine kannst
du auch Himbeersirup
nehmen.

1. Fette die Tarteform ein und rolle den Teig in Formgröße aus. Kleide die Form mit dem Teig bis zum oberen Rand aus und steche die ganze Fläche vom Teig oft mit einer Gabel ein. Stelle den Teig für 15 Minuten in den Kühlschrank. Heize währenddessen den Backofen auf 200°C Ober-/Unterhitze vor.

2. Backe den Teig anschließend im vorgeheizten Ofen 20–25 Minuten/ 200°C Ober-/Unterhitze vor. Nimm den Boden anschließend aus dem Ofen und lass ihn vollständig auskühlen.

3. Währenddessen gebe ich für die Füllung Orangenabrieb, Orangenkonfitüre, Grenadine, Zucker und Mascarpone in eine Schüssel und verrühre alles mit einem Schwingbesen. Dann rühre ich den Orangensaft unter.

4. Die Gelatine weichst du nach Packungsanweisung in kaltem Wasser ein und drückst sie dann gut aus. Gib die Gelatine in einen Topf und erwärme sie unter Rühren mit ein wenig Wasser. Wenn die Gelatine sich vollständig aufgelöst hat, nimm den Topf vom Herd.

5. Verrühre die Gelatine zunächst mit 2 EL der Mascarpone und rühre sie dann gründlich unter die gesamte Mascarponemasse. Stelle die Schüssel mit der Creme in ein kaltes Wasserbad und schlage so lange weiter, bis die Creme am Rand fest wird.

6. Schlage den Rahm steif und hebe ihn unter die Mascarponecreme. Verstreiche die fertige Creme auf dem ausgekühlten Tortenboden und stelle die Torte für mind. 2 Stunden in den Kühlschrank.

7. Garniere die Torte nach Lust und Laune mit Orangenfilets.

STÜNGGU-TORTE

À LA MAMI

Gibt es heute immer noch an Geburtstagen.
Kann man super 1–2 Tage vorher zubereiten.

10 Minuten + 1 Tag und 1 Nacht Kühlzeit
Zutaten für 1 Torte
Utensilien: Springform, ø 26 cm

1 Sack Meringue (Baiser)-Schalen (Bruchware),
ca. 300 g
900 g Vanilleeis
900 g Erdbeereis
Beeren, nach Wahl, für die Deko
Schlagrahm für die Deko

Tipp:
Das Eis darf nur soweit
angetaut sein, dass
man es gerade in die
Form verteilen kann.
Nicht zu flüssig!

1. Lege den Tortenboden mit Backpapier aus. Zuerst brichst du die Meringue-Schalen in kleine Stücke. Lege den Boden mit einer 2–3 cm Schicht Meringue aus.

2. Dann gibst du das leicht weichgewordene Vanilleeis darüber. Darauf verteilst du wieder eine dünne Schicht Meringue. Jetzt verteilst du darauf das Erdbeereis und dann wieder eine Schicht Meringue zum Abschluss.

3. Nun drücke ich die Torte mit Gefühl und mit einem Kartoffelstampfer etwas zusammen. Wenn Eis nach oben drückt, dann verstreiche ich es. Ich gebe die fertige Torte für mindestens 1 Tag und 1 Nacht in den Tiefkühler.

4. Kurz vor dem Servieren nehme ich die Torte heraus und löse den Rand vorsichtig mit einem Messer. Ich dekoriere die Torte mit Beeren nach Wahl und geschlagenem Rahm. Achtung, die Torte wird schnell wieder flüssig!

RHABARBERKUCHEN

Sauer macht lustig – und weil ich Lachen genauso liebe wie Rhabarber, ist der Rhabarberkuchen für mich ein absolutes Muss!

10 Minuten + 55–60 Minuten Backzeit
1 Kuchen
Utensilien: Springform, ø 24 cm

100 g weiche Butter
200 g Zucker
1 Päckli Vanillezucker
3 Eier
200 g Weißmehl
1 geh. TL Backpulver
500 g Rhabarber, geputzt, in Würfeln
Puderzucker zum Bestäuben
Schlagrahm zum Servieren

1. Lege die Springform mit Backpapier aus, fette Formrand und Papier leicht mit Butter ein und stäube die Form mit etwas Mehl aus.

2. Nun verrühre ich Butter, Zucker und Vanillezucker zu einer geschmeidigen Creme und rühre dann nacheinander die 3 Eier in die Creme. Dann vermische ich Mehl und Backpulver miteinander und hebe die Mischung rasch unter meine Creme. Zum Schluss werden noch die Rhabarberwürfel untergehoben.

3. Den fertigen Teig gibst du in die vorbereitete Springform und bäckst den Kuchen 55–60 Minuten/ 180°C Ober-/Unterhitze. Der Kuchen bleibt innen noch etwas feucht.

4. Nimm den fertigen Kuchen aus dem Ofen und lass ihn kurz in der Form auskühlen. Dann löst du den Springformrand und lässt den Kuchen vollständig auskühlen.

5. Vor dem Servieren stäube ich den Kuchen ordentlich mit Puderzucker ein und serviere ihn dann mit frisch aufgeschlagenem Rahm!

RÜEBLITORTE

Der Schweizer Klassiker aus dem Aargau nach unserem Familienrezept!

15 Minuten + 55 Minuten Backzeit
Zutaten für 1 Torte
Utensilien: Springform, ø 26 cm

5 Eier
250 g Zucker
250 g Rüebli, geschält, fein gerieben
250 g Mandeln, gerieben
1 Bio-Zitrone
80 g Weißmehl
1 EL Backpulver
1 Prise Salz
Marzipanrüebli für die Deko
Fett für die Form

Zutaten Zitronenglasur:
250 g Puderzucker
2–3 EL Zitronensaft

Oder Zutaten Kirschglasur:
250 g Puderzucker
1 EL Wasser
1–2 EL Kirsch (Schnaps)

1. Fette zunächst die Springform ein und streue sie mit Mehl aus.

2. Trenne die Eier. Rühre das Eigelb mit dem Zucker mit einem Handrührgerät schaumig. Rühre die Rüebli, die Mandeln und Abrieb und Saft der Zitrone unter.

3. Vermische Mehl und Backpulver und siebe es in die Ei-Mischung und mische es vorsichtig unter.

4. Schlage das Eiweiß mit einer Prise Salz steif und hebe es luftig unter den Teig.

5. Fülle den Teig in die vorbereitete Form und backe ihn im Ofen ca. 55 Minuten/ 180°C Ober-/Unterhitze. Ich mache am Ende der Backzeit eine Stäbchenprobe, um zu prüfen, ob der Kuchen gar ist.

6. Nimm den fertigen Kuchen aus dem Ofen und lass ihn vollständig auskühlen.

7. In unserer Familie wird der Kuchen entweder mit einer Zitronenglasur oder einer Kirschglasur und Marzipan-rüebli garniert. Für die Glasuren verrühre ich jeweils den Puderzucker mit der Flüssigkeit zu einer dickcremigen Paste und bestreiche damit den Kuchen rundherum. Dann verteile ich die Marzipanrüebli dekorativ auf dem Kuchen.

FRÜCHTEKUCHEN
À LA RICHIGEN GROSI

15 Minuten + 30 Minuten Ruhezeit +
35 Minuten Backzeit
Zutaten für 1 Kuchen
Utensilien: Tarteform, ø 26 cm

Für den Teig:
150 g Weißmehl
½ TL Salz
75 g kalte Butter, in Stücken
3–4 EL kaltes Wasser

Für die Füllung:
4 EL gemahlene Haselnüsse
4–6 Äpfel, entkernt, geschält, in kleinen Schnitzen
Zimt-Zucker zum Bestreuen

Für den Guss:
1 Ei
1 TL Zimt
1–1,5 dl Kaffeerahm
1 TL Vanillezucker
1 TL Backpulver

Schlagrahm zum Servieren

1. Heize den Backofen auf 200°C Ober-/Unterhitze vor.

2. Für den Teig vermischst du Mehl und Salz in einer Schüssel. Dann gibst du die Butter dazu und vermischst alles zu einer krümeligen Masse. Mache eine Vertiefung in den Teig, gib das Wasser dazu und vermische alles zügig zu einem Teig. Wickle den Teig in Frischhaltefolie ein und stelle ihn für 30 Minuten in den Kühlschrank.

3. Rolle den Teig auf einer bemehlten Arbeitsfläche rund, in Springformgröße, aus. Lege die Springform mit Backpapier aus und kleide sie mit dem Boden aus, ziehe dabei auch einen 3 cm hohen Rand hoch. Steche den Boden mehrmals mit einer Gabel ein.

4. Verteile die Haselnüsse auf dem Boden, anschließend die Apfelschnitze. Gib den Kuchen in den Ofen und backe ihn 15 Minuten im unteren Drittel vor.

5. Dann rühre ich den Guss zusammen. Dafür vermenge ich Ei, Zimt, Kaffeerahm, Vanillezucker und Backpulver in einem hohen Rührbecher.

6. Nimm den Kuchen vorsichtig aus dem Ofen und gieße den Guss darüber. Dann bäckst du den Kuchen weitere 20 Minuten im unteren Ofendrittel.

7. Vermische etwas Zimt und Zucker und streue die Mischung über den noch warmen Kuchen. Lass den Kuchen nach dem Backen vollständig abkühlen und serviere ihn mit einem Klecks Schlagrahm.

Tipp:
Du kannst hier auch auf einen schon fertigen Kuchenteig zurückgreifen.

JOHANNISBEER-KUCHEN

15 Minuten + 30 Minuten Ruhezeit +
60 Minuten Backzeit
Zutaten für 1 Kuchen
Utensilien: rundes Kuchenblech, ø 26 cm

Für den Kuchenteig:

150 g Weißmehl
½ TL Salz
75 g kalte Butter, in Stücken
3–4 EL Wasser

Für den Belag:

125 g Zucker
125 g Haselnüsse, gemahlen
2 Eigelb
600 g Johannisbeeren, verlesen
4–5 Eiweiß

Puderzucker zum Bestäuben

Tipp:

Wenn es mal schnell gehen soll, kaufe einen schon fertigen Kuchenteig zum Ausrollen.

1. Für den Kuchenteig mischst du Mehl und Salz in einer Schüssel. Gib die Butter in Flocken dazu und verreibe den Teig mit den Händen zu einer krümeligen Masse. Mache eine Mulde in die Masse, gieße das Wasser hinein und vermische alles rasch miteinander. Stelle den Teig 30 Minuten kühl.

2. Belege ein Kuchenblech mit Backpapier.

3. Rolle den Teig rund aus. Lege ihn aufs Kuchenblech und ziehe einen ca. 3 cm hohen Rand hoch und steche den Boden mehrmals mit einer Gabel ein. Gib den Boden in den Ofen und backe ihn 15 Minuten auf 200°C Ober-/Unterhitze vor.

4. In der Zeit vermische ich Zucker, Nüsse, Eigelb und Johannisbeeren in einer Schüssel. Das Eiweiß schlage ich steif und hebe es unter die Johannisbeermasse.

5. Nimm den vorgebackenen Teig aus dem Ofen. Schalte den Ofen auf 180°C Ober-/Unterhitze runter. Verteile die Johannisbeermasse auf dem Boden und gib den Kuchen für weitere 45 Minuten in den Ofen.

6. Lass den Kuchen nach dem Backen vollständig auskühlen und serviere ihn nach Belieben mit Puderzucker bestäubt.

SONNTAGSZOPF – GRITTIBÄNZ – TÜBELI

25 Minuten + 1 Stunde Ruhezeit +
20–45 Minuten Backzeit
Zutaten für 1 Zopf, ca. 4 Grittibänz, 10 Tübeli

500 g Zopfmehl
1 ½ TL Salz
1 TL Zucker
60 g weiche Butter
15 g Frischhefe
3 dl lauwarme Milch
1 Ei, verquirlt
Rosinen zum Verzieren

1. Gib das Mehl mit Salz und Zucker in eine Schüssel. Gib die Butter in kleinen Stücken dazu.

2. Löse die Hefe in der lauwarmen Milch auf. Mache in das Mehl eine Vertiefung und gib die Hefemilch hinein. Verknete die Masse zu einem geschmeidigen Hefeteig.

3. Lass den Teig zugedeckt an einem warmen Ort auf das Doppelte aufgehen, das dauert ca. 1 Stunde.

Zubereitung Hefezopf:
4. Für den Hefezopf nimmst du nun den aufgegangenen Teig und legst ihn auf eine bemehlte Arbeitsfläche. Ich forme den Teig nun zu 2 gleichlangen Strängen und flechte aus den Strängen einen Hefezopf (s. S. 134).

5. Lege den fertigen Zopf auf ein mit Backpapier belegtes Backblech und streiche ihn mit dem verquirlten Ei ein.

6. Ich gebe den Zopf in den kalten Ofen und backe ihn im unteren Ofendrittel 35–45 Minuten/ 200°C Ober-/Unterhitze. Um zu prüfen, ob der Zopf fertig ist,

nehme ich ihn vorsichtig aus dem Ofen und klopfe auf die Unterseite. Klingt es hohl, ist der Zopf fertig.

Zubereitung Grittibänz:
4. Für die Grittibänze nimmst du den Teig, teilst ihn in 4 gleich große Stücke und formst sie jeweils auf einer bemehlten Arbeitsfläche zu einem Oval. Dann forme ich mir im oberen Ovalbereich den Kopf und schneide die restlichen Bereiche so ein, dass ich Arme und Beine erhalte.

5. Dann verziere ich die Grittibänze mit einem hübschen Muster und Rosinenaugen, lege sie auf ein mit Backpapier ausgelegtes Backblech und bestreiche sie mit dem verquirlten Ei.

6. Gib die Grittibänze in den kalten Ofen und backe sie im unteren Ofendrittel 30–40 Minuten/ 200°C Ober-/Unterhitze. Um zu prüfen, ob die Grittibänze fertig sind, nehme ich sie vorsichtig aus dem Ofen und klopfe auf die Unterseite. Klingt es hohl, sind sie fertig.

Zubereitung Tübeli:
4. Für die Tübeli teilst du den Teig auf einer bemehlten Arbeitsfläche in 10 Teile. Forme die Teigteile jeweils zu einer ca. 30 cm langen Rolle und verknote den Strang so, dass sich ein Kopf und ein Schwanz abzeichnet.

5. Das obere Ende des Strangs forme ich nun zu einem Kopf mit Schnabel und mache mit einer Schere Einschnitte für die Augen. Das untere Ende schneide ich mit der Schere zweimal ein und ziehe die Stränge etwas auseinander, so erhält man einen schönen Schwanz.

6. Die Tübeli setzt du auf ein mit Backpapier belegtes Backblech, verzierst die Augen mit Rosinen und streichst sie mit dem verquirlten Eigelb ein. Gib sie in den kalten Ofen und backe sie 20–30 Minuten/ 200°C Ober-/Unterhitze.

SÜSSER ZOPF

À LA RICHIGEN GROSI

Das Rezept für den süßen Zopf ist unser bestgehütetes Familiengeheimnis!
Mit Einverständnis der Familie darf ich es hier zum ersten Mal veröffentlichen.

25 Minuten + 2 Stunden 40 Minuten Ruhezeit +
50 Minuten Backzeit
Zutaten für 1 Zopf

1 kg Weißmehl

1 $\frac{1}{3}$ Würfel Hefe

150 g Margarine

200 g Zucker

2 Eier

2 TL Salz

Saft und Schale von 2 Bio-Zitronen

1 große Handvoll Sultaninen

ca. 4 dl Milch (Zimmertemperatur)

Für die Zuckerglasur:

250 g Puderzucker

Saft von ½–1 Zitrone

1. Gut ist, wenn du ca. 1 Std. vorher ein Vorteigli machst. Dafür löst du die Hefe in etwas lauwarmer Milch auf und lässt die Mischung quellen.

2. Alternativ gibst du das Mehl in eine Schüssel und löst die Hefe in etwas lauwarmer Milch oder Wasser auf.

3. Gib zu dem Mehl die Margarine in kleinen Flocken dazu und rühre es gut durch. Dann gibst du Zucker, Eier, Salz, Saft und Schale der Zitronen, Sultaninen und Milch in eine separate Schüssel und verrührst alles mit dem Schwingbesen. Zuletzt gibst du die Hefe zu der Masse. Dann schütte ich alles in das Mehl und knete einen luftigen Teig.

4. Nun lass ich den Teig mindestens 1 ½ Stunden ruhen.

5. Nach der Ruhezeit lege ich den Teig auf eine bemehlte Arbeitsfläche und teile ihn in 2 Teile. Rolle beide Teile zu gleichlangen dünnen Rollen und lege sie dann in der Mitte über Kreuz auf die Arbeitsfläche. Dann den unten liegenden Strang oben mit der linken und unten mit der rechten Hand nehmen und linke und rechte Hand überkreuzen und den Strang so zusammenlegen. Dann den anderen Strang so nehmen und wieder die Hände überkreuzen. So immer abwechselnd die Stränge überkreuzen bis das Ende erreicht ist. Die Teigenden zusammendrücken. Den Zopf lege ich auf ein mit Backpapier ausgelegtes Backblech und lass den Zopf abgedeckt nochmal 10 Minuten im Kühlen ruhen.

6. Schiebe den Zopf in den kalten Ofen und backe ihn 50 Minuten/ 180°C Ober-/Unterhitze.

7. Verrühre für die Zuckerglasur den Puderzucker mit soviel Zitronensaft, dass eine dickflüssige Paste entsteht. Gib den Zitronensaft nach und nach esslöffelweise dazu, damit es nicht zu flüssig wird.

8. Nimm den Zopf aus dem Ofen und bestreiche ihn noch heiß mit der Zuckerglasur.

Tipp:
Aus Zeitgründen decke ich die Schüssel mit dem Teig mit einem Tüchli ab und stelle sie auf eine Pfanne mit etwas heißem Wasser. Dadurch verkürzt sich die Ruhezeit, bis er sein Volumen verdoppelt hat.

Tipp:
Schneller geht das Formen der Kügeli, wenn du den Teig in Stränge rollst und mit dem Messer kleine Stücke abschneidest.

BRETZELI

*Bretzeli sind hauchdünnes Knusper-
gebäck. Sie schmecken lecker zu einem
Dessert oder einfach so zum Kaffee.*

5 Minuten + Backzeit
Zutaten für ca. 350 Stück, je nachdem
ob man sie dicker oder ganz dünn mag
Utensilien: Bretzeli-Eisen,
alternativ Waffelhörnchen-Eisen

250 g Butter, weich
3 Eier
250 g Zucker
1 TL Kirsch (Schnaps)
500 g Weißmehl
½ Päckli Vanillezucker
1 Prise Salz
Abrieb von 1 Bio-Zitrone

1. Gib die Butter in eine Schüssel und rühre sie mit dem Schneebesen schaumig. Dann rührst du die restlichen Zutaten bis auf das Mehl ein. Das Mehl gibst du ganz zum Schluss, am besten gesiebt, in den Teig.

2. Heize das Bretzeli-Eisen vor. Forme den Teig zu Kügeli und gib dann immer 4 Kügelchen auf die Orna-mente vom Bretzeli-Eisen und backe die Bretzeli hauch-dünn aus. Lass sie anschließend auf einem Kuchengitter auskühlen und verpacke sie luftdicht.

WEIN-BRETZELI

*Wenn du Bretzeli in gerollter
Form machen möchtest,
dann verwende dieses Rezept.*

5 Minuten + Backzeit
Zutaten für ca. 170 Stück

2,5 dl Rahm
2,5 dl Weißwein
1 Prise Salz
3 EL Kirsch (Schnaps)
250 g Zucker
250 g Weißmehl

1. Vermische alle Zutaten in einer Schüssel zu einem Teig. Stelle den Teig zum Ruhen für 1 Stunde in den Kühlschrank.

2. Heize das Bretzeli-Eisen vor. Gib die Masse mit einem Esslöffel portionsweise in die Mitte des Waffel-eisens und backe den Teig goldbraun aus. Anschließend nimmst du dir einen Kochlöffel und rollst den Teig noch heiß mithilfe des Kochlöffelstängels zu einer Rolle auf.

TIRGELI

*Bei uns sind Tirgeli ein uraltes,
traditionelles Rezept.*

20 Minuten + 1 Stunde Ruhezeit
Zutaten für ca. 40 Stück

80 g weiche Butter
180–200 g Zucker
Abrieb von ½ Bio-Zitrone
1 Msp. Zimt
1 Msp. Salz
3 Eier
1 EL Kirsch (Schnaps)
1 TL Backpulver
400 g Weißmehl
reichlich Fett zum Ausbacken

1. Rühre zunächst die Butter schaumig. Dann gibst du Zucker, Zitronenabrieb, Zimt und Salz dazu und rührst die Zutaten unter. Dann gibst du nach und nach die Eier dazu, bis die Masse hell ist. Dann rührst du den Kirsch unter und vermischst Backpulver und Mehl. Gib die Mehlmischung nach und nach dazu, bis ein glatter Teig entstanden ist. Wickle den Teig in Frischhaltefolie ein und stelle ihn für 1 Std. kalt.

2. Ich forme aus dem Teig auf einer bemehlten Arbeitsfläche fingerdicke Rollen und schneide sie schräg in ca. 6 cm lange Stücke. Forme die Stücke so, dass beide Enden spitz zulaufen.

3. Erhitze reichlich Fett in einer Pfanne auf 160°C und backe die Tirgeli im Fett goldbraun aus. Lass sie anschließend auf Haushaltpapier abtropfen.

Tipp:

Du kannst die Tirgeli auch in der Fritteuse ausbacken. Um Schlüferli zu formen braucht es einfach ein bisschen mehr Mehl.

BAUERNBROT

20 Minuten + 40 Minuten Backzeit +
ca. 1 Stunde Ruhezeit
Zutaten für 1 Brot

15 g Frischhefe
2 dl lauwarme Milch
1 dl lauwarmes Wasser
500 g Halbweißmehl
2 TL Salz

Tipp:

Für ein leckeres Sonntagsfrüh-
stück nehme ich gerne dieses
Rezept und backe daraus kein
Brot, sondern ein paar
Sonntags-Bauernbrötchen.
Passe dann die Backzeit an
die Größe der Brötchen an.
Du kannst das Brot, wenn du
magst, noch mit Leinsamen
bestreuen.

1. Löse zunächst die Hefe in der lauwarmen Milch auf.

2. Gib das Mehl in eine Schüssel, mische das Salz drunter. Mach eine Vertiefung in der Mitte des Mehls, gib das Hefegemisch und das Wasser dazu und verrühre nun von der Mitte aus den Teig zu einem geschmeidigen Hefeteig. Den Teig nicht zu sehr kneten!

3. Lass den Teig abgedeckt, an einem warmen Ort, um das Doppelte aufgehen. Das dauert ca. 1 Stunde.

4. Nun nehme ich den Teig aus der Schüssel und gebe ihn auf eine bemehlte Arbeitsfläche. Ich forme den Teig zu einem runden Bauernbrot und lege das Brot auf ein mit Backpapier ausgelegtes Blech. Ich bestreiche das Brot noch mit etwas Milch mit Wasser vermischt.

5. Gib das Brot in den kalten Ofen und backe es im unteren Ofendrittel ca. 40 Minuten/ 220°C Ober-/ Unterhitze. Um zu wissen, wann das Brot fertig ist, nehme ich es vorsichtig aus dem Ofen und klopfe auf die Unterseite des Brotes. Klingt es hohl, ist das Brot fertig.